성체 조배란

소박하지만 편리한 가이드

The Handy Little Guide to Adoration
Michelle Jones Schroeder

Copyright © 2018 by Michelle Jones Schroeder. Published by Our Sunday Visitor Publishing Division, OSV, Inc. All rights reserved.
Korean translation copyright © 2024 by ST PAULS, Seoul, Korea

성체 조배란
소박하지만 편리한 가이드

발행일 2024. 9. 30

글쓴이 미셸 존스 슈뢰더
옮긴이 서영필
펴낸이 서영주

펴낸곳 성바오로
출판등록 7-93호 1992. 10. 6
주소 서울특별시 강북구 오현로7길 20(미아동)

취급처 성바오로보급소   **전화** 944-8300, 986-1361
팩스 986-1365   **통신판매** 945-2972
E-mail bookclub@paolo.net
인터넷 서점 www.paolo.kr

책값은 뒤표지에 있습니다.
ISBN 978-89-8015-954-3
교회인가 서울대교구 2024. 6. 24   SSP 1097

성경 ⓒ 한국천주교중앙협의회, 2024.

- 이 책은 저작권법의 보호를 받으므로 무단전재와 무단복제를 금합니다.
  이 책 내용의 전부 또는 일부를 재사용하려면 반드시 저작권자와 성바오로출판사의 동의를 얻어야 합니다.

소박하지만 편리한 가이드

성체 조배란

미셸 존스 슈뢰더 글
서영필 옮김

읽기 전에

우선 제가 어떤 사람이 아닌지부터 말씀드리겠습니다. 저는 신학자가 아닙니다. 수녀도 아닙니다. 그리고 완벽하고 거룩한 가톨릭 신자도 아닙니다.

저는 두 아이와 남편을 둔 워킹맘으로 최선을 다하지만 자주 실수하는 사람입니다. 저는 성체 조배를 참으로 사랑하는 가톨릭 신자입니다. 성체 조배에서 저는 살아 계신 그리스도와 직접적이고 개인적인 만남을 체험합니다.

저는 스트레스가 너무 심해서 잠시 일상에서

벗어나 주님과 함께할 수 있는 조용한 공간이 필요했던 때에 성체 조배실을 찾기 시작했습니다. 수없이 지나치면서도 선뜻 들어가지 못했던 조배실을 어떻게 그날은 찾아 들어갔는지 모르겠습니다. 하지만 마침내 그곳에 갔고, 막상 가 보니 다시 오고 싶다는 갈망이 들었습니다.

그 갈망을 가장 잘 설명할 수 있는 것은 예수님을 직접 마주한 듯한 느낌입니다. 예수님께서 성체성사 안에 현존하시니까요. 그분이 거기 계신다는 것을 저는 **아는 것**이 아니라 **느끼는 것**입니다. 그분의 현존은 다른 어디에서도 얻을 수 없었던 평화를 제게 안겨 줍니다.

그런데 우리는 성체 조배실에서 무엇을 해야 할까요?

가톨릭 신자로서 우리는 미사 때 무엇을 해야 하는지 잘 압니다. 우리는 응답하고 기도하고 성체를 영합니다. 고해성사를 볼 때도 우리는 무엇을 해야 하는지, 순서가 어떻게 되는지 잘 압니다.

성체 조배는 별도의 성사는 아니지만, 성체성사 체험의 연장선에 있습니다. 미사 중에 우리는 살아 계신 하느님의 현존 가운데 있으며, 전례에 참여하면서 그 사실을 충분히 깨닫기를 희망합니다. 미사는 공동체가 함께 거행하므로 때때로 주의가 산만해질 수 있습니다. 사람이 의식을 잃고 쓰러지기도 하고, 갑작스레 정전이 될 때도 있고, 마이크를 떨어뜨리는 일도 있습니다. 어린 자녀와 함께 교회에 다니는 사람이라면 누구나 미사에 집중하지 못한 수많은 이야깃거리를 가지고 있을 것입니다. 저는 아들이 여덟 살이던 해에 주님 성탄 대축일 밤 미사에서 토했던 일을 잊을 수가 없습니다!

성체 조배에는 따라야 할 지침이나 특정한 형식이 없기에 때때로 우리는 우물쭈물 주저하곤 합니다. 하지만 그것이 바로 성체 조배가 아름다운 이유이기도 합니다. 무릎을 꿇거나 일어서거나 성가를 찾는 등의 생각을 할 필요 없이 예수님과 함께하는 자유 시간입니다. 성체 조배는 거룩하신 성체와 함께하는 친밀하고 개인적인 시간으로, 온전히 하느님과의 관계에 집중할 수 있습니다.

그래서 제가 성체 조배를 좋아하게 된 것 같습니다. 성체 앞에 있는 저를 둘러싼 침묵은 주변에 다른 사람들이 있어도 주님과 단둘이 있는 것처럼 느끼게 합니다. 그 순간 제 마음속에 있는 모든 것을 있는 그대로 예수님께 가져갈 수 있습니다. 다음에 무슨 말을 해야 할지, 성가를 잘못 부르고 있지는 않은지(항상 그렇긴 하지만) 생각할 필요가 없습니다. 성체 조배는 누군가가 내게 무엇을 하고, 무엇을 말해야 한다고 할 필요가 없는 오직 예수님과 함께할 수 있는 귀한 순간입니다.

성체 조배 덕분에 미사가 다소 산만할 때에도 미사를 더 의미 있는 경험으로 만들 수 있었습니다. 주변에서 무슨 일이 일어나든 성찬례를 거행하는 사제의 말씀과 움직임에 더 온전히 집중할 수 있습니다. 사제가 빵과 포도주를 축성할 때는 제 눈앞에서 일어나고 있는 기적과 더 깊은 유대를 느낍니다. 성체 조배를 시작한 이후로 더 역동적이고 생생한 느낌으로 성체를 받아 모실 것을 기대하게 되었습니다. 마치 많은 시간을 함께한 친구와 어쩌다 만난 친구와의 친밀감의 차원이 다른 것과 같습니다.

가끔 성체 조배에 누군가를 초대할 때가 있습니다. 힘든 일이 있는 친구가 있으면 저와 같은 체험을 통해 평안을 얻을 수 있기를 바라며 친구를 초대합니다. 종종 친구들은 제가 조배실에 있을 때 무엇을 하는지 궁금해합니다. 생각해 보면 얼마나 많은 사람들이 무엇을 해야 할지 몰라서 성체 조배를 피하고 있는지 모르겠습니다! 어쩌면 성당이나 경당에 들어가 자유롭게 하느님과 소통

한다는 개념이 아직 생소한지도 모르겠습니다. 하지만 그냥 지나치기에는 너무 좋은 기회입니다.

제가 성령으로 가장 충만했던 순간들은 성체 조배실에서 일어났습니다. 마음이 불안할 때는 평안을 얻었고 힘들 때는 위로를 받았습니다. 또 기쁜 일이 있을 때는 부활하신 주님과 그 기쁨을 나누며 감사할 수 있어서 정말 행복했습니다. 조배실에서 하느님과 함께 시간을 보내다 보면 주님의 가르침에 더 귀를 기울이게 되고 그분의 부드러운 이끄심을 더 분명히 느낄 수 있습니다. 일상의 스트레스와 혼란 속에서 그분의 사랑에 둘러싸여 있다는 것은 특별한 느낌입니다. 저는 성체 조배의 시간을 통해 제 신앙이 성장하고 예수님을 더 신뢰하며 굳건한 신심을 갖도록 도와준다고 확신합니다.

주님과 일대일로 함께하는 이 시간으로 여러분을 초대합니다. 성체 조배 시간은 마음속 기쁨과 두려움, 감사는 물론, 갖가지 어려움과 문제들을 우리 주님께 가져갈 완벽한 기회입니다. 가톨릭 신자이면서 아직 성체 조배실에 가 보지 못했다면 자신을 돌아봅시다. 솔직히 저도 처음 조배실 문을 열었을 때 미지의 세계에 대해 약간의 두려움을 느꼈습니다. 아마 여러분도 그렇겠지요? 거룩하고 관상적인 분위기에 있거나 완벽한 은총의 상태에서만 성체 조배실에 갈 수 있다고 생각합니까? 조배실을 지나면서 그 안에서 정확히 무슨 일이 일어나고 있는지 궁금하지 않았습니까? 혹시 무엇인가 잘못해서 들킬까 두려운가요?

문을 열어 봅시다. 그리고 안으로 들어갑니다. 예수님께서 두 팔 벌려 여러분과 더 친밀한 관계를 맺고자 기다리고 계십니다. 다음 페이지에서는 이 놀라운 체험으로 모험을 떠날 때 사용할 수 있는 다양한 아이디어와 제안을 볼 수 있습니다. 체험을 시작하기 전에 이 책을 먼저 읽어 보고, 또

가지고 갑니다. 읽다가 번개처럼 떠오르는 생각이 있으면 적어 봅니다. 예수님과 함께하는 시간이니 마음껏 즐기십시오!

차례

읽기 전에   7

성체 조배의 기본   18
분주하고 쉴 틈 없는 하루, 기도해야 해!   26
내가 여기서 뭐하고 있지?   34
답이 필요합니다!!!   42
탱탱볼   50
여기, 아무 볼거리도 없습니다   58
신비입니다!   64
준비하는 시간   72
신심, 깊이 살펴보기   78
마치며   82

성체 조배의 기본

엄밀히 말하면, 성체 안에 살아 계신 주님의 현존 안에서 기도하기 위해 성체 조배실에 반드시 가야 하는 것은 아닙니다. 우리가 성당에 들어설 때마다 감실 안에는 축성된 성체가 계십니다(그러므로 단지 급하게 주보만 들고 나올 때도 항상 고개 숙여 절해야 합니다). 성당 문이 잠겨 있지 않다면 언제든지 감실 안에 계신 주님 앞에 앉아 기도할 수 있으며, 성체 조배실에 들어갈 수 없는 시간에도 주님과 함께하고 싶을 때 훌륭한 대안이 될 수 있습니다. 물론 감실 앞에서도 이 책에서 제안하는 모든 방법을 사용할 수 있습니다. 「가톨릭 교회 교리서」는 이렇게 말합니다. "거룩한 안치소(감실)는 본래 미사에 참석하지 못한 사람들과 병자들에게 모시고 갈 성체를 품위 있게 보관하기 위한 것이었다. 성체 안에 그리스도께서 실제로 현존하신다는 신앙이 깊어짐에 따라, 교회는 성체 안에 계신 주님을 침묵 속에 경배하는 의미를 깨닫게 되었다."(1379항)

인간은 시각에 의존하는 경향이 있기에 저는 감실을 바라보며 그 안에 계신 분을 생각하는 것이 실제로 현시된 성체를 바라보는 것보다는 덜 친밀하게 느껴집니다. 게다가 공간이 넓은 성당보다 조배실은 더 친밀한 환경이기에 개인적인 만남이라는 느낌이 더 강하게 듭니다. 그리고 성체 조배실에는 성당 내부에서 흔히 볼 수 있는 화려한 스테인드글라스나 성상 등 주의를 분산시키는 요소가 많지 않아 예수님께 집중하기가 더 쉽습니다.

성체 조배를 통한 예수님과의 소통이 다른 기도 시간과 무엇이 다른지 궁금할 수 있습니다. 예수님은 어디에나 계시지 않나요? 침실에서 기도하거나 출근길 차 안에서 기도해도 예수님께서 듣지 못하시는 것은 아니니까요.

한 가지 차이점이 있는데 매우 인간적인 것입니다. 정말 사랑하는 사람과는 전화 통화도 좋지만, 직접 만나서 이야기하는 것이 더 좋습니다. 예수님도 마찬가지입니다. 우리는 매일 기도해야 하며, 기도 생활을 강화하기 위해서 예수님을 찾아가 조배하는 추가 노력 또한 기울여야 합니다.

또 다른 차이점은 조배 시간에 무슨 기도를 하든, 예배의 요소가 내재된다는 점입니다. 성체 조배 시간의 기본 목적은 주님을 찬미하고 그분께 영광을 드리며 사랑 가득한 마음으로 주님을 바라보는 것입니다. 찬미라는 단어 자체가 음식이나 사람에 대한 이야기에서 던지는 감탄과 달리 훨씬 깊은 사랑과 존경을 의미합니다. 사전적 정의에서도 '찬미'는 그 장엄함을 인정합니다. 즉 "아름답고 훌륭한 것이나 위대한 것 따위를 기리어 칭송함"이라고 정의합니다.

한편, 우리가 아무리 최선을 다해 조배에만 집중하려고 해도 인간으로서 우리는 모든 것을 지닌 채 우리의 모습 그대로 그분의 현존으로 들어갑니다. 개인적으로 저는 조배 때 감사 기도로 시작해 하느님의 선하심을 찬양하는 것을 좋아합니다. 저는 그분의 권능과 영광, 현존 안에서 제 자신이 얼마나 작은 존재인지 깨닫습니다. 이 작업이 누구에게나 반드시 필요한 것은 아니지만, 저는 정신과 마음 안에 있는 많은 것들이 활개를 치기 전에 무엇보다 먼저 주님을 찬미하도록 도와줍니다.

성체 조배는 들어갈 때 우리의 마음 상태에 따라 달라집니다. 그래서 이 책은 자신에게 맞는 성체 조배를 쉽게 찾을 수 있도록 우리가 느끼는 다양한 기분이나 상황별로 구성되었습니다. 물론 이 책에 나온 기분이나 상황만 있는 것은 아니겠지만 자신에게 적절한 영적 체험의 기회를 찾아가는 데 도움이 되길 바랍니다.

본론으로 들어가기 전에 다음은 일반적인 주의 사항입니다.

1. 독서를 위해 가톨릭 관련 앱이나 웹사이트를 이용하더라도 휴대폰은 무음으로 설정해 둡니다. 성체 조배실은 조용한 장소이기에 예상치 못한 시끄러운 벨소리만큼 우리(그리고 함께 있는 사람들)의 집중력을 방해하는 것은 없습니다.
2. 성체 조배실에 들어갈 때 성수로 자신을 축복합니다. 우리는 모두 우리가 받을 모든 축복을 얻어 누릴 수 있으므로 이 기회를 놓치지 마십시오.
3. 자리에 앉기 전, 몸을 깊이 숙여 절합니다. 이 경

건한 행위는 단순히 상징에 그치지 않고 진정으로 현존하시는 하느님 앞에 자신을 낮추는 것임을 기억합시다.

4. 다른 조배자를 배려하여 자신의 소음을 최소화합니다. 재채기나 문을 여닫는 소리는 어쩔 수 없지만 기도하며 웅얼거리거나 가방을 뒤지는 소리 등은 피합니다. 소리를 내지 않는 것이 때로는 쉽지 않을 수도 있지만 소음은 집중을 방해할 수 있음에 유의합니다.

5. 가능한 조배 시간을 한 시간 동안 가집니다. 그렇게 함으로써 예수님께서 겟세마니 동산에서 고뇌에 찬 기도를 하시며 "한 시간도 깨어 있을 수 없더란 말이냐?"(마르14,37) 하신 요청에 응답합니다. 한 시간을 지키는 것이 잘되지 않을 때도 있겠지만 그래도 괜찮습니다. 최선을 다하는 것이 중요합니다. 일주일에 두 번 20분이나 30분으로 시작해서 정기적으로 1시간까지 조배할 수 있도록

점차 늘려 봅니다.

6. 성체를 존중하는 마음을 담아 옷을 입습니다. 단정한 복장만 갖춘다면 따로 복장 규정은 없습니다.

7. 기도가 필요하거나 기도를 요청한 사람들의 목록을 작성합니다. 주님께 다른 사람의 필요를 전할 좋은 기회이므로 조배 때 이 목록을 가지고 갑니다.

분주하고 쉴 틈 없는 하루, 기도해야 해!

제가 아는 사람들은 모두 보통 하루에 할 수 있는 것보다 더 많은 일을 합니다. 어떤 날은 다른 날보다 스트레스를 더 잘 조절하기도 합니다. 성체 조배를 하지 못하는 이유에 대해서 우리가 댈 수 있는 그럴듯한 핑곗거리는 꽤 많습니다. 하지만 이러한 때 하느님을 피하고 우리가 얻는 것은 무엇일까요? 이러한 때야말로 하느님께서 우리가 당신께 다가와 마음을 가라앉히기를 원하시는 때입니다. 물론 네, 그렇습니다. 현실은 우리가 하던 모든 일을 그만두고 성체 조배를 하러 가지 못할 때가 많습니다. 하지만 단 20분이라도 시간을 내서 일주일에 한 번 이상 그분의 부르심에 응답하는 것을 우선순위로 삼을 수 있는지 헤아려 보시기 바랍니다.

    스트레스가 쌓여 미칠 것 같은 날, 성체 조배를 하러 가고는 싶은데 어떻게 마음을 가라앉혀야 할지 모르겠는 날이 가장 힘듭니다. 주님 앞에 있어 봐야 별 도움이 되지 않을 것 같아서 쉽게 저항할 수 있습니다. 집중할 수 없을 것이라고 자신에게 말합니다. 의미 있는 시간을 가질 수 없을 것이라고 판단합니다. 한때는 이런 기분이 들 때면 내내 저 자신과 싸웠던 적이 있었습니다. 마음속으로 주님께 말씀드리려고 노력했지만, 진정할 수 없어서 내내 좌절감을 느끼곤 했습니다. 결국 저는 포기했습니다. 저는 성체 조배를 하러 가는 것을 포기한 것이 아니라 저 자신과 바쁜 마음과의 싸움을 포기한 것입니다. 생각을 억지로 복종시

킬 수는 없지만 올바른 방향으로 이끌 수는 있습니다.

학창 시절에, 선생님이 내준 과제 때문에 바빠서 장난을 치거나 놀 시간이 없었던 기억이 있나요? 가끔 생각이 꼬리에 꼬리를 물 때면, 성체 조배 때 우리가 할 수 있는 것은 자신을 바쁘게 하는 것뿐입니다. 제가 다니는 성당에는 문 옆에 성경, 책 등 읽을 거리를 둔 작은 공간이 있습니다. 그래서 저는 하느님과 함께할 수 있음에 감사하는 기도를 드리고 나서 무언가를 집어 들고 읽기 시작합니다. 그렇게 하면 제 뇌가 말씀에 집중하게 되고 그 말씀이 저를 하느님께로 인도합니다. 결국 우리가 성체 조배를 통해 하려는 것은 주님께 우리의 관심과 사랑을 드리는 것이 아니겠습니까? 학교 숙제와 달리, 이 영적으로 바쁜 작업은 여전히 참으로 생산적입니다!

이 일을 몇 번이나 반복해도 성체 조배실을 떠

날 때면 차분해진 저 자신이 여전히 놀랍습니다. "그래요 하느님, 이제 알겠습니다."라는 생각이 반복되는 순간입니다. 책 읽기로 스스로를 바쁘게 하다 보면 저 자신과 문제에서 벗어나 정말로 중요한 것, 즉 스트레스의 순간에 예수님께 의지하는 것에 집중할 수 있습니다. 그 결과 얻은 평온함은 하루의 나머지 시간을 보내는 데 도움이 되고, 확실히 정신없는 기분이 덜 드는 것이 좋습니다. 그렇습니다. 하느님은 노력을 중요하게 여기십니다. 우리는 자기 자신이 성체 조배를 그리 잘하지 못한다고 느껴도 하느님께서는 우리의 노력을 높이 평가하십니다.

제가 집어 든 책이 정말 저에게 꼭 필요한 방식으로 말을 건네는 경우가 있었습니다. 저는 그런 일이 생기면 큰 보너스라고 생각하고 그런 일이 일어날 때를 정말 좋아합니다! 매번 그런 일이 일어나지는 않지만 그래도 좋습니다. 그 순간에는 맞지 않더라도 하느님께서 무언가를 말씀하실 수도 있으므로 저는 읽는 모든 것에 열린 마음을 가지려고 합니다. 어쩌면 한 주일이 지난 뒤에 제가 읽은 내용과 갑자기 관련성이 있는 어떤 일이 생길 수도 있으니까요.

미리 계획을 세우면 분주하고 쉴 틈 없는 날의 성체 조배에서도 평소 더 자세히 알고 싶었던 영성적 주제에 대해 읽을 수 있는 좋은 시간으로 바꿀 수 있습니다. 미루고 미루던 성인에 관한 글을 우연히 발견할 수도 있습니다. 파티마나 루르드에 대해 더 자세히 알고 싶다면 지금이 바로 그 기회입니다! 가톨릭에 관한 모든 것을 다루는 훌륭한 블로그와 웹사이트가 많이 있으므로 태블릿이나 스마트폰으로 간편하게 거룩한 일로 바쁘게 지낼 수 있습니다. 온라인에서 본 내용을 북마크에 추가하고 성당에서 정보 통신 기술을 활용하거나 차에 책을 두면 분주하고 쉴 틈 없는 날에도 언제든지 성체 조배를 준비할 수 있습니다.

내가 여기서
뭐하고 있지?

———

"저녁 식사에 누군가를 초대할 수 있다면 당신은 누구를 초대하겠습니까?"라는 가상의 질문을 하면 예수님은 항상 인기 있는 초대 손님입니다. 예수님과 식사를 하며 현세와 내세에 대한 모든 답을 찾고 싶지 않을 사람이 누가 있겠습니까? 만약 여러분이 예수님과 함께 식탁에 앉아 있는데 할 말이 하나도 떠오르지 않는다고 상상해 보십시오. 정말 난감하겠지요! 이처럼 예수님께 드릴 어떤 말도 생각나지 않을 때라도 성체 조배를 하러 가고 싶은 마음이 들 때가 있는데 그 이유를 잘 모르겠습니다. 그냥 가서 주님과 함께 시간을 보내야 할 것 같다는 생각만 듭니다. 이런 경험은 제 신앙생활에 조배 시간을 정기적으로 실천한 뒤에 하기 시작했습니다. 저는 때때로 하느님이 저를 그곳에서 만나기를 원하시는 것 같다는 느낌 외에 다른 이유 없이 조배를 하러 가고 싶다는 마음이 들 때가 있습니다. 그때 저는 고개를 들어 어깨를 으쓱하며 "알았어요, 조배하러 들르겠습니다."라고 말합니다. 물론 저는 그래야 할 이유는 없다고 생각하지만요. 우리가 그 이유를 모르더라도 하느님은 항상 이유가 있으십니다!

이제 여러분은 정말 기적적이거나 획기적인 일이 일어날 것이라고 기대하실지도 모르지만, 실망하게 해 드릴 것 같아 미리 사과드립니다. 어쩌면 여러분도 이와 같은 느낌을 가지고 있다면 전혀 예상하지 못한 일이 일어날지도 모릅니다.

성령께서 왜 저를 성체 조배실로 이끄시는지

잘 모르겠다 싶을 때 저는 성체 조배와 감사에 집중하려고 노력합니다. 항상 그렇듯이 저는 하느님 앞에 있음에 감사드리는 것으로 시작합니다. 이것을 당연하게 여기기 쉽습니다. 또한 제가 그곳에 있기에는 얼마나 합당하지 않은 존재인지, 그리고 그분의 자비를 통해서만 이런 직접적인 만남이 허락된다는 사실에 대해서도 생각합니다. 잠시 생각해 보십시오.

아무리 거룩한 사람이라도 모든 사람은 죄인입니다. 우리가 하늘과 땅을 다스리시는 만물의 창조주, 살아 계신 하느님의 참된 현존 앞에서 시간을 보낼 자격이 있다고 생각하게 하는 것은 무엇입니까? 그런 선물을 받을 만한 일을 한 적이 있습니까? 저는 그런 적이 없습니다! 저의 최고의 날에도 저는 받을 자격이 없습니다. 그리고 아이들에게 소리를 지르거나 누군가에게 화를 내거나 더 못된 짓을 한 날에는 제가 개인적으로 주님을 마주할 자격이 있다고 생각하려면 엄청난 배짱이 필요했습니다.

그러나 하느님의 모든 은혜가 그렇듯, 그것은 우리가 가늠할 수 없습니다. 인간의 머리로는 하느님 자비의 깊이를 온전히 이해할 수 없습니다. 우리는 우리를 향한 하느님의 사랑이 얼마나 무한한지 전혀 이해할 수 없습니다. 이것이 바로 묵상을 하는 아름다운 이유입니다. 나의 나약함에도 불구하고, 나의 결점에도 불구하고, 나의 계속되는 넘어짐에도 불구하고 창조주께 사랑받는다고 생각하면 정말 가슴이 벅찹니다.

부활하신 그리스도 앞에 무릎을 꿇거나 앉아서 그분이 나를 사랑하시고 내가 그분께 나아갈 수 있도록 허락하신다는 사실을 묵상하는 것은 조배 시간을 보내는 멋진 방법입니다. 이러한 생각을 할 때 어떻게 그분을 경배하지 않을 수 있겠습니까? 저는 가끔 이 깨달음에 경외감을 느끼며

고개를 절레절레 흔들곤 합니다. 우리는 종종 우리를 향한 하느님의 사랑에 대해 말하지만, 그 사랑이 실제로 무엇을 의미하는지 생각해 볼 수 있는 기회를 성체 조배 때 가질 수 있습니다. 우리를 향한 그분의 사랑을 깊이 묵상하다 보면 자연스럽게 감사하는 마음이 생깁니다.

 감사에 대해 이야기하는 것은 상당히 진부합니다. 여러분이 아직 들어 보지 못한 내용으로 감사에 대해 말씀드릴 수 있을까요? 하느님께서 이미 우리에게 주신 것을 인정하지 않고서는 하느님께 무언가를 청할 수 없다는 것을 우리는 모두 알고 있습니다. 또한 아무리 어려운 일이 있어도 감사해야 한다는 것도 알고 있습니다. 기도하던 승진을 하게 되면 하느님께 감사하게 됩니다. 의사로부터 검사 결과가 좋다는 연락을 받으면 하느님께 감사하게 됩니다. 교통사고가 났지만 불행 중 다행으로 큰 사고로 이어지지 않았다면 하느님께 감사하게 됩니다. 우리는 대부분 이런 일들에 대해서는 하느님께 감사드리기를 꽤 잘합니다. 하지만 하느님께서 당신 자신을 우리에게 선물로 내어 주신 것이나, 우리 구원의 선물에 감사하는 데는 우리가 충분한 시간을 보내고 있을까요? 우리에게는 놀라우신 하느님이 계십니다. 모든 개인적인 선물을 차치하고라도 하느님의 존재 자체만으로도 감사하는 마음으로 가득 찰 수 있습니다.

우리가 살아 있는 동안에는 우리를 향한 하느님의 사랑을 온전히 이해할 수 없습니다. 누군가를 사랑할 때 우리는 그 사람이 우리 곁에 있기를 바랍니다. 아마 하느님도 그래서 설명할 수 없을 정도로 우리를 성체 조배로 부르시는 것인지도 모릅니다. 하느님은 단지 우리가 당신 곁에 더 가까이 머물러 있기를 원하십니다. 예수님께 특별히 긴급하게 할 말이 없다고 느껴질 때에도 우리는 침묵을 통해 부활하신 그리스도의 영광을 생각하고 그분의 존재에 대해 깊이 감사하는 마음으로 그분의 말씀을 듣고 묵상하며 그분 사랑의 깊이에 대한 이해를 높일 수 있습니다. 지금 생각해 보니 나를 향한 하느님의 사랑을 깨닫는다는 것은 결국 꽤나 기적 같은 일입니다!

답이
필요합니다!!!
———

삶이 혼란스럽고 힘들어 가끔은 그 답이 필요해서 성체 조배를 합니다. 걱정거리가 있거나 하느님의 뜻과 그 뜻대로 사는 방법을 알고 싶을 때, 어떤 상황에 대한 지침이 필요할 때 저는 성당에 가서 이야기를 시작합니다. 살다 보면, 하느님께서 어떻게 해야 하는지, 어떻게 문제를 해결해야 하는지 말씀해 주시기를 바라는 상황을 마주하게 됩니다. 저는 조용히 하느님께 제가 무슨 생각을 하고 있는지, 무엇을 걱정하고 있는지, 어떤 도움이 필요한지 말씀드립니다. 이럴 때 저는 솔직하게 주님께 모든 것을 털어놓습니다.

우리 기도에 대한 하느님의 응답은 속삭이듯 그리고 마음의 고요 속에서 찾을 수 있다고 알고 있었기에 저는 항상 낙담했습니다. 하느님의 말씀을 들을 수 있을 만큼 저는 조용히 있을 수 없다고 느꼈습니다. 조용한 것은 제 특기가 아닙니다. (하느님께서 저를 이렇게 만드셨다는 사실을 자주 상기하곤 합니다!) 그래서 가끔 성체 조배를 할 때면 저는 임무를 수행하는 여성이 됩니다. 저는 말을 멈추고 하느님께서 제게 무엇을 말씀하시려 하는지를 진정으로 듣고자 하는 마음 자세를 가다듬어야 합니다.

그것은 하늘에서 우리가 무엇을 해야 하는지 알려 주는 우렁찬 목소리가 들려오기를 기다리며 침묵하는 것이 아니라, 그분이 우리의 마음과 생각 속에서 어떻게 우리와 소통하시는지 이해하는 법을 배우는 것입니다. 이것은 연습이 필요한 기술이며 우리 기도에 대한 그분의 응답을 듣기 위해 우리의 마음을 열기를 요청합니다.

물론 경당이 조용하다고 해서 우리의 마음도 조용한 것은 아니기에 이를 위한 방법을 찾아야 했습니다. 분심(방해 요소)을 어떻게 억제할까요? 하느님께서 우리 마음에 말씀하시도록 어떻게 마음을 진정시킬 수 있을까요? 저는 이 문제로 한동안 씨름했습니다. 처음에는 마음속으로 다음과 같은 대화를 많이 나눴습니다.

"알았어요, 하느님. 저는 조용히 당신의 대답을 기다리겠습니다. 지금 당장 마음을 비우겠습니다."

"알 것 같아요. 아니요, 아닙니다. 안다고 생각했는데 그렇지 않습니다."

"좋아요, 이번엔 정말로 아무 생각도 하지 않겠습니다."

"성당 종소리가 어떤 성가를 노래하나요? 아,

이 성가 아는데… 잠깐, 그런 생각하지 마!"

"좋아, 이번에는 진짜 생각을 멈출 거야."

"어떻게 마음을 비워야 하나요? 전 못하겠어요. 하느님 맙소사, 어떻게 제게 이런 걸 하라고 하십니까?"

저보다 능숙하게 스스로를 진정시키는 분들도 계시겠지만, 그렇지 않은 분들을 위해 제 비법을 알려 드리겠습니다. 아무 생각도 떠오르지 않을 때까지 마음의 눈으로 한 장면을 그리며 생각을 집중하려고 노력합니다. 저는 보통 밤에 해변에 서 있는 장면을 상상합니다. 하늘에는 별이 가득합니다. 파도의 움직임 외에는 조용합니다. 때로는 물이 잔잔하게 움직이고, 때로는 파도가 먼 바다에서 부서지기도 합니다. 저는 이 고요한 장면을 상상하며 모래사장에 앉아 계신 예수님을 상상합니다. 그런 다음 조용히 예수님께 질문하고 그분의 대답이 내 마음의 귀에 '들리기를' 기다립니다.

내가 상상하는 예수님 말씀이 내 마음의 산물인지 어떻게 알 수 있습니까? 저는 모릅니다. 내 마음속에 들리는 것이 실제로 하느님이 나와 대화하시는 것인지 어떻게 확신할 수 있습니까? 저는 확신하지 못합니다. 제가 확실히 아는 것은 제가 깊이 생각하거나 답변을 준비하지 않을 때, 생각이 자연스럽게 흘러간다는 것입니다. 제가 상상하는 예수님과의 대화가 제 신앙과 복음서에 대해 알고 있는 것과 일치한다면 제가 올바른 방향으로 가고 있는 것 같다는 느낌이 듭니다. "잠깐, 하느님 말씀인가, 아니면 내가 듣고 싶은 말이 저건가?"라며 스스로 멈추어 생각할 때가 있습니다. 그럴 때는 마음을 가다듬고 다시 살펴봅니다. 분명히 자신이 하느님에 대해 알고 있는 모든 것과 완전히 반대되는 생각이 머릿속을 스쳐 지나간다면, 그분의 메시지를 받지 못하고 있을 가능성이 높습니다. 분명히 말씀드리지만, 저는 환상을 보거나 실제 음성을 듣지 못합니다. 저는 제 마음속에서 하느님의 말씀을 들을 수 있는 적절한 상태가 되도록 정신적인 장면을 떠올려 봅니다.

어떻게 하면 그 조용한 상태에 들어갈 수 있을까요? 하느님의 속삭임을 듣는 데 필요한 평화의 상태에 도달하는 데 도움이 되는 생각이나 상상은 무엇일까요? 생각해 보고, 여러 가지 시도를 해 보고, 자신에게 맞는 것을 찾아보십시오. 눈을 감고 어떤 이미지가 떠오르는지 살펴보십시오. 하느님은 침묵 속에서 정말 당신에게 응답하고 계십니다. 여러분은 그 침묵에 어떻게 도달할 수 있는지 알아내기만 하면 됩니다.

마지막으로 한 가지 더하면, 가끔은 이 일을 하면서도 명확한 답을 얻지 못할 때가 있습니다. 생각을 너무 많이 하다 보면 제 욕심이 끼어듭니다. 하지만 답을 얻지 못해도 계속 노력합니다. 이

연습을 하면 할수록 조금 더 잘할 수 있게 되기를 바라며 또 기도합니다.

탱탱볼

아이들이 좋아하는 탱탱볼을 아십니까? 성체 조배를 하러 갈 때면 제 머리가 종종 그런 느낌입니다. 앞서 설명한 바쁜 하루와는 미묘하게 다릅니다. 꼭 마음이 급하거나 스트레스를 받는 것은 아니지만, 생각이 이리저리 뛰어다니는 것처럼 느낍니다. 하느님께 감사하고 제 신앙에 대해, 믿음 안에서 제가 성장하고 있는지에 대해 생각합니다. 아픈 친구를 생각하며 하느님께 도움을 요청합니다. 그리고 제가 매일 기도하는 시간을 충분히 보내고 있는지 궁금해집니다. 거룩한 성체를 바라보며 성체에 집중하려고 노력합니다. 그런 다음에는…, 다음은 추측할 수 있겠지요?

때때로 이것은 괜찮습니다. 의식의 흐름에 따라 마음속에 있는 모든 것을 하느님과 나누고 있기 때문입니다. 하지만 어떤 때는 다람쥐 쳇바퀴 돌듯 사는 것만 같고 전혀 생산적이지 않다고 느낄 때가 있습니다. 그럴 때는 보통 하느님과 몇 가지 전형적인 대화를 나눈 다음 기도문을 암송합니다. 반복은 하느님께 집중하도록 도와주고 단순하게 하느님 현존 안에 머물도록 해 줍니다. 기도문 암송하기를 일종의 기도의 도피로 여기는 사람들도 있지만, 예수님께서 직접 우리에게 '주님의 기도'를 가르쳐 주셨고, 가브리엘 천사와 엘리사벳의 인사말은 성모송 첫 부분에 모두 인용된다는 사실을 기억하십시오. 우리가 다섯 살 때부터 외워 온 이 기도문은 무의식적으로 외는 단어 그 이상입니다. 주님의 기도, 성모송, 영광송, 성 미카엘

대천사 기도, 통회 기도, 또는 여러분이 알고 있는 다른 염경 기도는 평범하게 여길 수 있지만 우리 주님의 귀에는 한결같이 음악과 같습니다.

   수년 전에 다음 질문에 대한 가장 훌륭한 답을 들었습니다. "묵주 기도를 바칠 때 성모송을 반복해서 바치는 이유는 무엇인가요? 한 번 바치는 것으로 충분하지 않을까요?" 대답은 이것이었습니다. "여러분이 온 마음을 다해 사랑하는 사람이 여러분에게 사랑한다고 수백 번 말해도 여러분은 피곤해하지 않을 것입니다." 성모송은 사랑과 찬미의 표현입니다. 그것은 마리아가 하느님께서 아들을 세상에 태어나게 하려고 선택하신 복되신 어머니임을 인정하는 것입니다. 성모송은 기적에 대한 인정이자 중재의 기도를 요청하는 것입니다. 우리는 성모님께 "우리 죄인들을 위해 기도해 주시고, 우리가 그리스도와 일치할 수 있도록 기도해 주십시오."라고 간구합니다. 저는 마리아를 하느님께로 향하는 여정에서 우리와 함께하는 동반자라고 생각하는 것을 좋아합니다. 제가 그 여정에 머물도록 기도해 주실 뿐만 아니라 하느님의 거룩한 뜻으로 돌아갈 필요가 있을 때 저를 붙잡아 달라고 기도합니다. 우리는 모두 누군가, 어쩌면 지상의 어머니가 우리를 위험한 상황에서 구해 준 경험이 있을 것입니다. 마리아는 우리가 요청하면 언제든지 기꺼이 그렇게 우리를 구해 주십니다.

주님의 기도는 항상 바치는 기도이지만 잠시 자세히 살펴보겠습니다. 계약서를 읽지 않고 서명하지는 않겠지요? 이 기도문에서 우리가 무엇을 받아들이고 있는지 생각해 봅시다. 우리는 이 지상에서의 일상적인 삶에서 하느님의 뜻이 우리 자신의 뜻보다 더 중요하다는 데 동의하는 것입니다. 하느님은 우리를 보살피시는 분으로 일용할 양식이나 삶에 필요한 것을 베풀어 주시는 분이심을 우리가 인정하는 것입니다.

자, 여기 중요한 것이 있습니다. 여러분에게 정말 끔찍한 일을 한 사람을 기억합니까? 그 사람을 용서했습니까? 주님의 기도에서 우리는 다른 사람을 용서하는 만큼 우리의 죄도 용서받을 수 있음을 인정합니다. 여러분이 참아 온 분노에 대해 생각해 봅니다. 한동안 마음 한구석에 자리 잡고 있던 원한에 대해 생각해 봅니다. 이제 자신의 죄에 대해 생각합니다. 하느님께서 그 죄 가운데 하나라도 잊지 않고 붙잡고 계신다면 좋겠습니까? 주님의 기도는 우리를 구원하신 분께서 우리에게 주신 수동적인 기도가 결코 아닙니다. 이 기도를 바치면서 그 내용을 정확히 이해하고, 그대로 잘 지키고 있는지 생각해 보는 것은 참으로 유익합니다.

이 염경 기도는 우리 주님께 바치는 작은 사랑의 노래로 주님은 이 노래를 지치지 않고 들어 주십니다. 이러한 반복적인 훈련은 하느님과 함께 시간을 보내려는 우리의 목적에서 멀어지게 하는 여러 가지 동시다발적인 생각에 휘둘리지 않고 우리 영혼이 경신례에 집중하도록 도와줍니다. 처음 몇 번은 머릿속에 있는 탱탱볼과 함께 성체 조배를 하겠지만 여러분이 기억할 수 있는 가장 익숙한 기도문부터 시작하십시오. 규칙적으로 하는 기도에 포함시키고 싶은 다른 기도문을 언제든지 선택할 수 있습니다.

여기,
아무 볼거리도 없습니다

성체 조배를 할 계획이 있고 주님과의 친밀감을 체험할 수 있기를 기대하는 날이 있습니다. 그런데 막상 가 보면 아무것도 없습니다. 무릎을 꿇고 감사를 드리고 찬양을 드립니다. 그러나 아무것도 없습니다. 상상을 합니다. 아무것도 없습니다. 기도를 합니다. 아무것도 없습니다. 무슨 일일까? 하느님은 여기 계시지 않는 것일까? 내가 마음을 열지 않아서 그런 것일까? 아니면 내가 너무 죄가 많은 것일까? 오늘 주님은 나를 무시하시는 것일까?

영적 광야 또는 영적 어둠이라고 표현하는 것을 들어 본 적이 있습니다. 몇몇 성인들도 몇 달 또는 몇 년 동안 이런 느낌을 받았다고 했으니, 이런 경험을 했다면 좋은 친구를 사귀고 있는 것입니다. 솔직히 말해 저는 성체 조배에 자주 참석하기 시작한 이후로 오랜 시간 동안의 영적인 건조함을 경험하지는 않았지만, 분명히 아무것도 느끼지 못한 채 몇 시간을 보낸 적은 있습니다. 처음 이런 일을 겪었을 때는 제가 무엇을 잘못하고 있지는 않은지 걱정했습니다. 하느님은 항상 나를 위해 그곳에 계신다는 것을 알고 있는데, 내가 무엇을 잘못해서 이렇게 마음이 딱딱해졌을까, 어떻게 고칠 수 있을까? 저는 이 메마름을 경험하게 하신 하느님의 선하심과 거룩하신 목적을 이해하고 싶었지만, 무엇보다도 그 메마름에서 벗어나고 싶었습니다. 저는 제가 경험하고 있는 것이 무엇인지, 또 하느님께서 제가 이 경험에서 무엇을 얻기를 원하시는지 생각해 보는 시간을 가져야 했습니다.

　언젠가 이 영적 광야에서 영감을 얻기 위해 건성으로 성경을 집어 들었습니다. 고해성사의 보속으로 시편을 읽으라고 들었던 것이 생각났습니다. 불행히도(혹은 다행히도!) 읽으라는 시편이 몇 편인지는 기억나지 않았습니다. 그래서 처음부터, 시편 1편을 시작으로 해서 계속 읽었습니다. 페이지를 넘기면서 고통, 절망, 기쁨, 희망 등 모든 상황에 해당하는 내용의 시편이 있다는 것을 알게 되었습니다. 여러분이 어떤 감정을 느끼거나 어떤 경험을 하고 있든지 그에 대한 시편이 있을 가능성이 높습니다. 저는 영적 광야 상태에서 성체 조배를 할 때 주로 시편 통독을 하게 되었고, 항상 위안을 주는 무언가를 우연히 발견했습니다. 제 고뇌를 공감하는 듯한 시편을 읽을 때면 비애의 동반자가 있다는 위로를 받기도 합니다. 어떤 때는 희망과 인내가 다가오기도 합니다.

모든 어둔 밤의 끝에는 빛의 새벽이 찾아옵니다. 성체 조배나 신앙생활 전반에서 아무것도 느껴지지 않는다고 해서 포기하지 마십시오. 이 모든 것은 성장 과정의 일부이며, 뜨겁고 포근한 감정이 느껴지지 않을 때도 하느님과 가까워지려는 노력을 계속 해야 한다는 것을 일깨워 줍니다. 또한 그것은 항상 우리에 관한 것이 아니라는 점을 온화하고 겸허하게 상기시켜 줍니다. 때때로 주님을 경배하는 것은 가시적인 감정의 대가 없이 주님을 경배하는 것일 뿐입니다. 계속 기도하고 계속 시편을 읽으십시오. 가슴이 뜨거워지지 않고 앉아 있는 것이 의미 없다고 느껴질 수도 있지만, 여전히 살아 계신 하느님의 현존 안에 있다는 것은 꽤 큰 위로입니다. 때가 되면 하느님께서 우리를 어둠에서 끌어내시고, 우리는 다시 그분의 빛을 마음속에서 느낄 수 있을 것입니다.

신비입니다!

저는 묵주 기도를 좋아하지만, 기도의 반복에 방황하는 마음으로 힘들어한 것을 고백하지 않을 수 없습니다. 저는 길에서 벗어난 것을 깨달으면 재빨리 바치던 신비에 다시 집중하려고 노력했습니다. 솔직히 집중한 시간보다 다시 집중하려고 노력한 시간이 더 많을 때도 있습니다. 가끔은 묵주 기도의 신비를 묵상하며 성체 조배 시간을 보내는 것을 좋아합니다.

우리는 묵주 기도를 복되신 성모님과 연결하는 경향이 있는데, 왜 성체 조배 중에도 묵주 기도를 바치는지 궁금할 수 있습니다. 가톨릭 신자는 성모 마리아께서 항상 당신 아드님 예수님 곁에 계신다고 믿습니다. 성모님은 예수님이 태어나실 때부터 사시는 동안, 그리고 그분이 돌아가실 때와 승천하시고 하늘 본향에 계실 때 함께하셨습니다. 성모님은 항상 예수님 가까이 계시기에 아마 성체 조배실에서도 조용히 함께 앉아 계시리라고 생각합니다.

묵주 기도의 신비는 성경을 통해 그리스도의 생애를 묵상하는 독특한 방법을 제시합니다. 각 신비를 둘러싼 이야기를 생각하면서 우리는 예수님 생애의 중요한 순간을 떠올리고 또 다른 각도에서 바라볼 수 있습니다. 예를 들어, 환희의 신비를 바칠 때도 각 단마다 묵상할 것이 많습니다. 성경은 예수님의 어린 시절에 대해 많은 것을 알려 주지 않기 때문에 우리는 궁금할 수밖에 없습니다. 특히 저는 마리아께서 잃으셨던 예수님을 성

전에서 찾으신 환희의 신비 5단을 묵상하기를 좋아합니다. 사흘 동안이나 잃어버렸던 열두 살짜리 아들 예수님을 성전에서 찾으셨을 때 마리아와 요셉은 무슨 생각을 하셨을까요? 히스테리 반응을 보이셨을까요? 아들이 밖으로 나가는 것을 금하고 싶었을까요? 마리아와 요셉은 좋지 않은 시선으로 서로를 바라보며 누구의 아이인지 상기했을까요? 그들은 개인적으로 예수님과 그들의 삶에 어떤 일이 일어날지 궁금했을까요?

영광의 신비에서는 부활을 통한 구원의 선물에서 시작해서 우리에게 맡겨진 무수한 선물들을 쉽게 떠올릴 수 있습니다. 우리가 받을 자격이라고는 전혀 없는 놀라운 선물을 받는다는 것은 얼마나 큰 행운인가요! 이 영광의 신비에서 우리는 성령의 선물과 하늘과 땅의 모후이신 복되신 성모님의 선물 또한 받습니다. 저는 승천이 어떤 모습이었을지, 사도들의 마음속에는 어떤 생각들이 있었을지 상상해 보는 것을 좋아합니다. 이야기 속을 거닐며 당시 그곳에 있었던 사람들이 어떤 모습이었을지 그 장면들을 상상해 봅니다.

빛의 신비는 예수님의 인성과 신성에 대해 생각하게 합니다. 빛의 신비에서 제가 가장 좋아하는 신비는 카나의 혼인 잔치입니다. 그 상황에 마리아와 예수님 사이에 어떤 대화가 오갔는지 정확히 알 수 없지만, 저는 이 장면을 어머니가 아들에게 '눈빛'을 보냈고 아들이 어머니의 부탁을 들어준 첫 기록이라고 생각하지 않을 수 없습니다. 물론 신비들이 실제로는 그렇게 되지 않았을 수도 있겠지만, 이것이 바로 제가 신비들을 좋아하는 이유입니다. 이 신비들을 통해 우리는 종교적 관습을 고수하면서도 자신의 권위를 행사하고 하느님 나라를 선포한 한 인간으로서, 가족과 함께한 예수님의 삶에 대해 생각할 수 있습니다. 빛의 신비 묵상은 우리가 이성으로는 완벽하게 이해하기 어려운, 하느님이며 사람인 그리스도의 본성을 탐구할 수 있는 훌륭한 방법입니다. 성체 조배 때 빛의 신비를 묵상하면 이와 같은 어려운 개념들을 신실하게 받아들이는 데 도움이 됩니다.

마지막을 위해 고통의 신비를 남겨 두었습니다. 각 신비에서 예수님이 어떤 경험을 하셨을지 상상해 보십시오. 동료의 배반과 고통이 시작되리라는 깨달음, 채찍질의 잔인함, 가시관의 고통과 굴욕, 십자가의 엄청난 무게, 십자가 처형에 대해 생각하기는 어렵습니다. 어렵겠지만 그 고뇌의 깊이를 상상해 보십시오. 저는 때때로 예수님이 어떻게 십자가에 못 박히시기 전에 그 무거운 십자가를 짊어지고도 살아남을 만큼 강인했는지 궁금합니다. 주님은 어떻게 견디셨을까요? 그분이 우리를 위해 이 모든 일을 하셨다는 사실을 우리는 어떻게 받아들일 수 있을까요? 그분의 상상할 수 없는 고통은 여러분과 저를 위한 것이었습니다. 침묵이 흐르는 성체 조배실에 앉아 부활하신 그리스도 위에 매달린 십자가에 시선을 고정하면 마음은 그 무게로 가라앉고 생각은 고요해집니다. 그 희생에 합당한 사람이 되기 위해 작은 힘이나마 노력해야겠다고 슬픔 중에 다짐합니다. 묵주 기도를 얼마나 자주 바치느냐에 관계없이 가능한 한 자주 신비를 깊이 파헤치려고 노력해야 합니다. 묵주 기도의 모든 신비에 기쁨이라는 결말을 우리에게 주시는 부활하신 그리스도께서 우리 앞에 계시기에 성체 조배실은 신비를 묵상하기 위한 아름다운 환경을 제공합니다.

준비하는 시간

기분이 어떠하든 상관없이 성체 조배 시간에 다른 신앙 계획을 처리하고 싶을 수 있습니다. 때로는 멀티태스킹이 우리 신앙의 목표를 달성할 수 있는 유일한 방법이며 성체 조배 중에 고해성사를 준비하지 못할 이유가 없습니다. 실제로 우리가 고해성사를 준비하기 위해 거룩한 성체 앞에서 시간을 활용해야 하는 몇 가지 훌륭한 이유가 있습니다. 고해성사를 자주 보거나 아니면 반년에 한 번씩 부활절과 성탄절에 고해소를 방문하든, **양심 성찰**(고해성사 때 우리가 고백해야 할 것을 살피는 성찰)을 할 필요가 있습니다. 우리 중 많은 사람이 일상적으로 명백한 죄에 대해 정신적으로 검토할 수 있지만 구세주의 현존 앞에서는 더 철저하게 성찰할 수 있습니다. 결국 우리는 예수님께 용서를 구하는 것이니, 우리 삶에서 그분과 우리를 갈라놓는 모호한 행동과 생각을 식별하는 데 그분의 인도를 청해 보면 어떨까요?

정해진 방식으로 양심 성찰을 한 지 오래되었다면 가톨릭 웹사이트를 방문하거나 양심 성찰에 관한 안내서를 찾아보는 것이 좋습니다. 개인적으로 저는 질문 목록이 있는 가톨릭 앱(일종의 영혼 체크 리스트)을 사용합니다. 하지만 양심 성찰을 할 때 끔찍한 기분이 들지 않도록 주의하십시오! 질문을 읽다 보면 갑자기 공포감을 느낄 수도 있습니다. 저는 심호흡을 하고 바람직한 고해성사 준비를 하면서 자존심에 꽤나 타격을 입을 것을 받아들입니다. 하지만 그게 요점은 아닙니다. 옳고 그름, 선과 악에 대한 단순한 시각은 자신의 생각과 행동을 제대로 평가하는 데 도움이 될 뿐만 아니라 어떤 죄를 더 양심적으로 피해야 하는지 깨닫게 합니다.

성체 조배실은 고해성사에 앞서 성찰하기에 훌륭한 장소입니다. 침묵은 생각을 집중하고 죄를 깊이 반성하며 하느님께 용서를 구하는 데 도움이 됩니다. 일 년에 한두 번만 고해성사를 본다면 양심 성찰이 부담스러울 수 있는데 성당의 고요함이 마음을 편안하게 해 줍니다. 또한 지은 모든 죄뿐만 아니라 앞으로 받을 성사에 대해서도 방해를 받지 않고 생각할 수 있는 시간이 됩니다. 우리에게 쏟아지는 하느님의 자비를 받아들일 마음의 준비를 할 수 있기를 하느님께 간구합시다. 말처럼 쉬운 일은 아닙니다. 우리 마음이 불안이나 죄책감에 사로잡혀, 하느님께서 우리를 용서하셨다는 사실을 순순히 받아들이지 못할 수 있습니다.

우리가 받게 될 죄의 용서를 받아들일 수 있도록 기도합시다.

성체 조배실에서 양심 성찰을 하면 얻을 수 있는 또 다른 좋은 점은 부활하신 그리스도의 현존 앞에 있다는 사실을 인지하는 것만으로도 자기 자신에게 정직해지도록 도와준다는 것입니다. 잘못된 행동임을 알면서도 행한 행동에 대해 변명하는 것은 인간의 본성입니다. 바로 몇 발짝 떨어진 곳에 성체를 모신 채, 동료에게 무례하게 굴었던 행동이나 도움이 필요한 사람을 보고 느꼈던 조급함을 합리화하기는 어려울 것입니다. 자신의 죄를 깊이 성찰하면서 성체를 바라보는 시선을 유지하기가 쉽지 않을 것입니다. 의식적으로 외면하지 않아도 고개가 숙여지는 것을 느낄 때가 분명히 있습니다. 성체 조배실에서는 살아 계신 하느님으로부터 자신을 멀어지게 하려고 했던 모든 일들을 성찰하면서 겸손해지는 경험을 하게 됩니다.

하지만 부끄러움 때문에 주저하지 마십시오. 하느님은 이미 여러분이 한 일을 알고 계십니다. 정당화할 수도, 숨길 수도 없습니다. 우리의 옷은 벗겨지고 우리의 영혼은 그분 앞에 드러납니다. 알고 있습니까? 그분은 여전히 우리를 사랑하시며 궁극적으로 우리가 당신과 화해할 수 있는 성사를 찾고 있다는 사실에 감격하고 계십니다.

신심,
깊이 살펴보기

때로는 교본을 따르거나 특정 지향으로 시간을 봉헌하는 것이 위안이 될 때가 있습니다. 성체 조배실은 가톨릭 교회가 권장하는 특정 신심을 실천할 좋은 기회를 제공합니다.

매월 첫 금요일은 예수 성심께 봉헌하라는 초대를 받은 날이기에 성체 조배실에서 시간을 보내기에 특히 좋은 날입니다. 첫 금요일 신심은 17세기에 마르가리타 마리아 알라코크 성인에 의해 널리 퍼졌으며 오늘날에도 여전히 주요 신심으로 남아 있습니다.

"매월 첫 금요일을 예수 성심에 대한 신심과 경배에 봉헌하는 것은 성녀 마르가리타 마리아 알라코크에게 계시된 우리 주 예수 그리스도의 특별한 희망이었습니다."*

이 신심에서 우리는 예수님의 성심을 거스른 세상의 모든 죄에 대한 보속으로 한 시간 동안의 성시간을 바치도록 초대를 받았습니다. 오늘날 세상에서 예수님이 모욕을 당하시고, 무시당하시고, 조롱당하시는 경우를 생각하는 것은 어렵지 않습니다. 이 신심은 그리스도의 계속되는 고통에 대한 우리의 개인적인 희생과 다른 사람들의 희생을 통해 보속하도록 우리를 이끕니다.

치유와 성소 등을 위해 특별한 방법으로 기도할 수 있는 신심도 있습니다. 가톨릭인터넷 굿뉴스 웹사이트(www.catholic.or.kr)에서 다양한 정보를 검색할 수 있습니다. 성체 조배 시간 동안 이러한 보편적인 지향을 위해 기도하라는 교회의 초대에 응답해 보시기를 권합니다.

* http://www.catholictradition.org/Two-Hearts/sacred-heart3b.htm

마치며

이제 예수님을 조배하는 데 적절하지 않은 시간이나 방법은 없다는 사실을 이해하고, 용기를 내어 성체 조배실을 방문하기 바랍니다.

예배의 이러한 측면을 신앙생활에 접목하고 싶다면 여기에 시작을 위한 몇 가지 실용적인 제안이 있습니다.

먼저 성체 조배실을 찾아야 합니다. 모든 성당에 성체 조배실이 있는 것은 아닙니다. 자기 본당에 성체 조배실이 없는 경우에는 성체 조배를 위해 성체를 현시하는 시간이 정해져 있을 것입니다. 특정 시간에만 개방하는 성체 조배실도 있고, 지속적으로 조배를 하는 곳도 있습니다. 지속적인 조배는 주 7일, 밤낮으로 매시간 조배실에 누군가가 있다는 것을 의미합니다. 지속적인 성체 조배회가 있는 본당에서는 일반적으로 개별 신자가 회원으로 등록하는 절차를 밟는데, 이는 매주 또는 매월 한 시간씩 성체 조배에 참석하기로 약속하는 것을 의미합니다. 지속적인 성체 조배회의 회원이 되는 방법에 대한 자세한 내용은 본당 사무실에 문의하십시오. 특정 시간을 봉헌할 수 없다면 언제든 참여할 수 있습니다.

일정이 다소 유동적이라면 미리 달력을 살펴보고 적당한 시간을 정해 둡니다. 중요한 것은 주간 일정에 따라 요일이나 시간이 변동되더라도 이를 영적 일상의 규칙적인 부분으로 만드는 것입니다. 성체 조배를 통해 예수님과의 개인적인 친교에 참여하는 것은 그리스도와의 관계에서 성장하는 데 도움이 되는 풍요롭고 보람된 체험이 될 것입니다.

    예수님은 우리가 있는 그대로의 모습으로 당신 가까이 오기를 원하시며, 나머지는 그분이 모두 알아서 하실 것입니다. 예수님은 사랑과 자비를 베풀어 주시기 위해 우리를 기다리고 계십니다. 우리가 해야 할 일은 그저 나타나기만 하면 됩니다. 제 경험상 가면 갈수록 더 많은 것을 얻을 수 있었습니다. 여러분도 그렇게 되기를 기도합니다.

저자 소개

미셸 존스 슈뢰더 Michelle Jones Schroeder는 루이지애나주 바톤 루즈에 살고 있습니다. 21년째 남편과 함께 유쾌한 두 자녀를 키우며 지치면서도 즐겁게 지내고 있습니다. 루이지애나주립 대학교를 졸업한 후 그녀는 첫 직장 생활을 마케팅 및 관리 분야에서 보냈습니다. 아이들과 함께 집에서 몇 년을 보낸 후, 요리 실력이 부족해 주방 제품을 발명하고 소규모 사업을 시작하게 되었습니다. 그녀는 피에트렐치나의 성 비오와 1980년대 음악에 약간 집착하고 있으며 바톤 루지에 있는 성모 자애 본당에서 신앙생활을 하고 있습니다. 여가 시간은 없지만, 있다면 낮잠을 즐기고 싶다고 합니다.